11 novembre 1852
Seclin

et aussi
aux livres

CATALOGUE

D'UNE TRÈS-BELLE COLLECTION

DE LIVRES

ET D'ESTAMPES

ENCADRÉES

provenant des cabinets de MM. QUECQ et CLAEYS,

DONT LA VENTE AURA LIEU

A SECLIN

Le JEUDI 11 NOVEMBRE et jour suivant, de dix heures du matin à midi, et de deux à quatre heures du soir, par le ministère de M° COLLETTE, Notaire audit Seclin, sous la direction de M. L. BEGHIN, Libraire, rue Esquermoise, N° 15, A Lille.

SE DISTRIBUE A LILLE,

CHEZ L. BEGHIN, LIBRAIRE,

rue Esquermoise, n° 15.

PRIX : 20 CENTIMES.

ORDRE DES VACATIONS :

1re Vacation : N° 1 à 270 matin et soir.
2e Vacation : N° 271 à la fin du Catalogue, le matin.

Après-midi les Estampes.

Il sera vendu au commencement de chaque vacation un bon nombre de lots que le temps n'a pas permis de cataloguer.

Il y aura, le Dimanche 7 Novembre, exposition des Livres et des Estampes, en la maison mortuaire, sise rue Notre-Dame, à Seclin, près la Station du chemin de fer, depuis dix heures du matin jusqu'à quatre heures du soir. MM. les amateurs sont instamment priés de s'y rendre, aucune exposition ne pouvant avoir lieu les jours de vente.

Les livres ne seront admis à rapport que dans le cas où ils seraient incomplets par enlèvement de feuillets ou de portion de feuillet emportant du texte; ils ne seront pas repris pour taches, mouillures, déchirures, piqûres ou autres défectuosités.

Les livres devront être collationnés avant l'enlèvement.

Le Libraire, Directeur de la vente, se chargera des commissions de MM. les amateurs, moyennant 5 pour % de commission.

CATALOGUE DE LIVRES

1 La sainte Bible, trad. par Le Maistre de Sacy. Paris. Desprez. 1742, 20 vol. in-12. rel. v. br.
2 La sainte Bible, contenant l'Ancien et le Nouveau Testament, par Le Maistre de Sacy, avec 300 figures de Marillier. Paris 1789. et suiv. 12 vol. in-8° rel. veau fauve.
   Très-belles épreuves, exemplaire de souscription.
3 The Holy Bible. Cambridge. 1775. in-12. rel.
4 La même. Londres. 1682. in-12. rel.
5 Histoire du Vieux et du Nouveau Testament, par De Royaumont, enrichie de fig. en taille-douce. Bruxelles. H. Frix. 1691. pet. in-8°. rel. veau.
6 L'Histoire du Vieux et du Nouveau Testament, représentée avec des fig. et par des explications tirées des SS. PP. par De Royaumont. Paris. 1723. in-4° rel. v.
   Bonnes épreuves.
7 Le Nouveau Testament de N. S. J. C., traduit sur la Vulgate, par Le Maistre de Sacy. Paris. 1810. in-8°. rel. veau jaspé.
8 Concordance française, ou extraits du Nouveau Testament. Paris. 1745. in-12. rel. veau fauve, doré sur tr. et 2 autres vol.
9 Imitation de Jésus-Christ, trad. par La Mennais. Paris. 1844. 1 vol. gr. in-8°. fig. br.
10 Imitation de Jésus-Christ, trad. par Valart. Paris. Barbou. 1760. in-12. fig. v. doré s. tr.
11 Rituale Romanum. Paris. 1679. in-8°. rel.
12 L'Ange conducteur dans la dévotion chrétienne. Lille. 1758. in-12. maroq. rouge, d. sur. tr. — Missel romain. in-18. rel.
13 Office de la Semaine Sainte. Paris. Dezallier. 1701. in-8° fig. réglé. rel. maroquin rouge, doré à petits fers à compartiments, doublée de maroquin. Signet; *très-belle reliure ancienne.*

13 *bis*. Officium Passionis Jesu Christi. Paris. 1779. in-12. jol. typ. rel.

14 Le Tableau de la Croix, représenté dans les cérémonies de la sainte Messe, par F. Mazot. Paris. 1651. in-8°. relié veau.
Livre entièrement gravé, grand de marges, (mouillures).

15 Dictionnaire portatif des Conciles. in-8°. — Le saint Concile de Trente. 1 vol. Le même en latin. 1 vol.

16 Histoire des Conciles, par Hermant. Rouen. 1704. 4 vol. in-12. rel. (piqûre de vers.) — Histoire du Concile de Trente, par L. Ellies du Pin. Bruxelles. 1721. 2 vol. pet. in-8° rel.

17 Le Catholique, magasin religieux. in-4° fig. br.

18 Le Génie du Christianisme, par M. le vic. de Chateaubriand. 4° édit. Lyon. 1804. 9 vol. in-18. rel.

19 Essai sur l'indifférence en matière de religion, par l'abbé de La Mennais. Paris. 1820. tomes 1 et 2. in-8° br.

20 Essais de morale, de Nicole. 13 vol. in-12. rel.

21 Les Provinciales, ou Lettres écrites par Louis de Montalte, par Pascal. 4 vol. pet. in-12. rel. et 3 autres v.

22 Les Helviennes, ou Lettres provinciales philosophiques, par Barruel. 5 vol. in-12. rel.

23 Traité contre l'amour des parures et le luxe des habits, par Gaultier. Paris. 1780. petit in-12. rel.

24 Lettres sur les spectacles, par Désprez de Boissy. 2 vol. in-12. rel.

25 Voyage de deux sœurs, Colombelle et Volontairette, par Boèce à Bolswert. Liège. 1734. in-12. fig. rel.

26 Bibliothèque des dames chrétiennes. Paris. 1820-1825. 19 vol. in-32. pap. vél. fig. d'après Bouillon, rel. bas. fil. dor. sur tr.
Manque la Journée du Chrétien.

27 A. Sucquet, Via vitæ æternæ. Anvers. 1630. in-8°. rel. en quatre parties; maroq. noir, doré sur tr.
Belle reliure ancienne bien conservée; les épreuves des figures sont faibles; prières manuscrites ajoutées à la fin de chaque partie.

28 Les Mystères de l'amour divin, avec 60 jolies figures. Paris. 1719. in-12. rel. v. br.

29 Le Guide fidèle de la vraie gloire, par le R. P. A. T. Barenger. Paris. Landry. 1688. in-8° fig. d'après Guerrard. in-8° rel.
Livre entièrement gravé, grand de marges, quelques taches.

30 Les Sentiments du vrai Chrétien dans la captivité, par Doujat, fig. gravées par F. Picart. Paris. 1670. in-12. rel. v.
31 Idée de la religion chrétienne. Paris. 1798. in-12. fig. rel. v.
32 Les Confessions de saint Augustin, trad. en franç. avec le latin à côté, par le R. P. dom Martin, Paris. 1741. 2 vol. in-8°. rel. v. Les Soliloques de saint Augustin. in-12. rel.
33 L'Esprit de saint François de Sales. Paris. 1757. in-8°. rel. — Introduction à la vie dévote, par St François de Sales. in-12. rel.
34 Considérations chrétiennes, par le P. Crasset. 4 vol. in-12. rel. et 4 autres vol.
35 L'Année chrétienne, par Letourneux. Paris, 1710. 13 vol. in-12. *réglé* maroq. rouge, doublé maroq. doré sur tranche.
Avec des corrections manuscrites dans le texte et des prières ajoutées. Quelques piqûres de vers dans la reliure.
36 Retraite spirituelle du P. Croiset. 2 vol. in-12. br. et 3 autres vol.
37 Catéchisme historique, par Fleury, Bruxelles. H. Frix. 1700. 2 tomes en 1 vol. petit in-12, orné de beaucoup de fig. rel. v. br.
38 Catéchisme de l'empire français. in-12. rel. — Catéchisme du concile de Trente. 2 vol. in-12. rel. et deux autres vol.
39 Traité historique et dogmatique du secret inviolable de la confession, par Lenglet Dufresnoy. Lille. 1708. in-12. veau fauve doré sur tr. — Traité du secret de la confession, par Lochon. Paris. 1788. in-12. rel.
40 De la fréquente communion, par A. Arnauld. Paris. 1683. in-8° rel. — Traité historique des excommunications. in-12. rel.
41 Lettres à Eugène sur l'Eucharistie, par le P. de Géramb. in-12. br. et 4 autres vol.
42 La vie des gens mariez, ou obligations de ceux qui s'engagent dans le mariage, par l'abbé Girard de Villethierry. in-12. rel. et un autre vol.
43 Bossuet. Histoire des variations des églises protestantes. 4 vol. — Opuscules. 5 vol. — Méditations sur l'Evangile. 4 v. — Lettres. 1 v. Ensemble 14 v. in-12. rel.

44 Bergier. Apologie de la religion chrétienne. 2 vol. — Certitude des preuves du christianisme. 1 v. Origine des dieux du paganisme. 2 vol. et 2 autres ouvrages. Ensemble 8 vol. in-12. rel.
45 La Religion vengée, ou réfutation des auteurs impies. 3 vol. in-12. rel.
46 Discours sur le projet d'accorder l'état civil aux protestants. Paris. 1757. 2 part. en 1 vol. in-8°. Mémoire sur le mariage des protestants. in-8° rel.
48 La République des jurisconsultes, par Gennaro, trad. par l'abbé Dinouart. petit in-8° rel.
49 Principe du droit de la nature et des gens de Wolf. trad. par Formey. 3 v. in-12. rel. v. fauve, et 4 autres v.
50 Institutes de Justinien, tr. par Laurière. 6 v. in-12. rel.
51 Bugnyon. Leges abrogatæ. 2 vol. in-4° rel.
52 Brunnemanni. Decisionum. in-4° et 1 autre vol.
53 Stockmans. Opera. Bruxelles. 1686. in-4° rel.
54 Zœsii. Comment. Digestorum seu Pandectarum. in-4° rel.
55 OEuvres de Cochin. Paris. 1751-1759. 6 vol. in-8° portr. rel. v.
56 OEuvres complètes de d'Aguesseau. Paris. 1759-89. 13 vol. in-4° port. rel. v.
57 OEuvres de Pothier. 28 vol. in-12. rel. v.
58 Les Lois ecclésiastiques, par d'Héricourt. in-fol. rel.
59 Traité des droits honorifiques des seigneurs dans les églises, par Mareschal. Paris. 1705. 2 vol. in-12. rel. — Traité des droits honorifiques et utiles des patrons et curés primitifs, par Duperray. in-12. rel.
60 Traité des droits honorifiques des seigneurs dans les églises, par Mareschal. Paris. 1705. 2 vol. in-12. rel. (piqué) et deux autres vol.
61 Nouveau Commentaire sur la coutume de la prévôté et vicomté de Paris, par Ferrière. Paris. 1751. in-12. rel. et un autre vol.
62 Le Droit commun de la France et la Coutume de Paris réduits en principes, par Bourjon. Paris. 1770. 2 v. in-folio. rel.
63 Traité des dixmes, par Duperray. 2 v. in-12. rel. v.
64 Projet d'une dixme royale, par Vauban. S. L. à la sphère. 1707. in-12. rel. v.
65 Journal spécial des justices de paix, par Julhe de Foulan. 1821-1830 et tables. 10 vol. in-8° demi-rel.

66 Manuel des justices de paix, de Levasseur. 12ᵉ édit. revue par M. de Foulhan. Paris. 1838. 2 vol. in-8° et deux autres vol.
67 Lois des batiments, par Desgodet. 2 tomes en 1 vol. in-8° rel. et 2 autres vol.
68 Procès fameux jugés avant et depuis la révolution, par Desessarts. 15 vol. in-12. cart.
69 Causes célèbres ou intéressantes avec les jugements qui les ont décidées, par Gayot de Pitaval. Amst. 1773. 22 vol. in-16 rel.
70 Pièces originales et procédures du procès de Damiens. in-4° rel.
71 Essais de Montaigne. Genève. 1779. 10 v. petit in-12. rel. veau.
72 Essai philosophique sur l'entendement humain, par Locke. 4 vol. in-12. rel.
73 Le Philosophe chrétien, par Formey. 4 vol. in-12. rel. — Mélanges philosoph. par le même. 8 v. in-12. rel.
74 Le Comte de Valmont, par l'abbé Gérard. Paris. 1775-1801. 6 vol. in-12. fig. rel. veau fauve.
75 De la Solitude considérée relativement à l'esprit et au cœur, par Zimmermann. in-12. rel. et 2 autres vol.
76 Nouvelle Théorie des plaisirs, par Sulzer. in-12. rel. — Théorie des sentiments agréables, par Pouilly. Paris. 1774. petit in-8° fig. rel.
77 Traité du jeu, par Barbeyrac. Amst. 1709. 2 tomes en 1 vol. in-12. rel. v.
78 Le Spectateur, ou le Socrate moderne, trad. de l'anglais. 7 vol. in-12. rel. — La spectatrice, trad. de l'anglais. 4 vol. in-12. rel.
79 Essai historique et philosophique sur les principaux ridicules des nations, par Gazon Dourxigné. Amst. 1766. in-12 rel.
80 OEuvres politiques de Herztberg. Paris. 1795. 3 vol. in-8° rel.
81 OEuvres de Necker. Londres. 1785. in-4° rel. v. fauve.
82 Abrégé du Projet de paix perpétuelle, par l'abbé de St-Pierre. in-12. rel.
83 Recueil de testaments politiques. Amst. 1749. 4 vol. in-12. rel. v.
84 L'Ami des enfants, par Berquin. 8 vol. in-12. rel.

85 OEuvres de Berquin, mises en ordre, par Jauffret. 22 v. in-18. fig. demi-rel.
86 La Tendresse maternelle. in-16. fig. v. doré sur tr.
87 Lot de 14 vol. d'ouvrages de l'abbé Nollet, sur la physique et l'électricité.
88 Entretiens physiques d'Ariste et d'Eudoxe, par le P. Regnault. 5 vol. in-12. — Journées physiques, par Villiers. 2 vol. in-8° rel.
89 Histoire de l'Electricité, trad. de l'angl. de Priestley. 3 vol. in-12. rel. et 4 autres vol.
90 De l'Electricité du corps humain, par Bertholon. 2 vol. in-8° rel. — De l'électricité des végétaux. 1 vol. in-8°.
91 Récréations mathématiques et physiques, par Ozanam. Paris. 1725. 4 vol. in-8° pl. rel. v.
92 Annuaire du bureau des longitudes. 1818, 1827, 1829, 1830, 1836 et 1838. 6 vol. in-18. br.
93 Dictionnaire raisonné d'histoire naturelle, par Valmont de Bomarre. Lyon, 1791. 8 vol. in-4° rel. bas. fil.
94 Histoire naturelle, générale et particulière, par Buffon, Daubenton, Guéneau de Montbeillard et Lacépède. Paris. Imp. royale. 1749-1804. 44 vol. in-4° fig. noires. rel. veau. *Bel exemp.*
95 Figures de l'Histoire naturelle des oiseaux, de Buffon. 1008 pl. col. 6 vol. in-4° cart. dos parch. n. rog.
96 Curiosités de la nature et de l'art sur la végétation, par l'abbé de Vallemont. 2 vol. in-12. fig. et deux autres vol.
97 Histoire abrégée des insectes des environs de Paris, par Geoffroy. Paris. 1762. 2 vol. in-4° rel.
98 Mémoires pour servir à l'histoire des insectes, par Réaumur. Paris. Imp. royale. 1734-1742. 6 vol. in-4° rel. v. fil. (Les trois premiers aux *armes*.) *Très-bel exemp. de la bonne édition.*
99 Traité d'insectologie, par Ch. Bonnet. 2 vol. in-12. fig. rel. et deux autres vol.
100 Art de faire éclore et d'élever en toute saison des oiseaux domestiques, par Réaumur. Paris. 1749. 2 vol. in-12. fig. rel.
101 Traité de la conservation des grains. — Traité de la culture des terres, et deux autres vol. sur l'agriculture. 4 vol. in-12. rel.

102 Le Langage des fleurs, par M⁰ Charlotte Delatour. 1 vol. gr. in-18. fig. col. br.
103 Instruction pour les jardins fruitiers et potagers, par De la Quintinie. Paris. 1730. 2 vol. in-4° fig. rel. — La théorie et la pratique du jardinage. in-4° rel.
104 Lot de 12 vol. sur le jardinage.
105 Anecdotes de médecine, par Dumonceaux. Lille, 1760. 2 vol. in-12. rel.
  On a ajouté quelques anecdotes mss.
106 Le Brigandage de la médecine, par Hecquet. 3 vol. in-12. rel. v. fauve.
107 Médecine et chirurgie des pauvres, par Hecquet. 3 vol. in-12. rel. v. fauve. et trois autres vol.
108 Exposition anatomique de la structure humaine, par Winslow. 4 vol. in-12. — Œuvres de Goulard. in-12. rel.
109 Traité des maladies vénériennes, par Astruc. 4 vol. in-12 rel. et un autre vol.
110 Dissertation sur l'incertitude des signes de la mort, par Winslow. 2 vol. in-12. rel. — Lettres sur la certitude des signes de la mort, par Louis. in-12. rel. et cinq autres vol.
111 Dictionnaire militaire portatif. 3 vol. pet. in-8° rel. — Recueil historique et chronologique de faits mémorables pour servir à l'histoire de la marine. 2 vol. in-12. rel.
112 Ecole historique et morale du soldat, par Bérenger. 3 vol. in-12. jol. portr. rel.
113 Mes Rêveries, ou Mémoires sur la guerre, par le comte de Saxe. Lahaye. 1756. 2 vol. rel. v. (armes.)
114 Eléments de cavalerie, par De la Guérinière. 2 vol. pet. in-12. pl. rel. et des autres vol.
115 Essai sur la marine des anciens, et particulièrement de leurs vaisseaux de guerre, par Deslandes. Paris. 1768. in-12. fig. rel. — Recueil de différents traités de physique et d'histoire naturelle, par le même. 3 vol. in-12. rel.
116 Traité sur les apparitions des esprits et sur les vampires ou revenants, par Dom A. Calmet. Paris. 1752. 2 vol. in-12. rel. v.
117 Recueil de dissertations sur les apparitions, les visions

et les songes, par Lenglet Dufresnoy. 2 tomes en 4 part. in-12. rel.

118 Recueil de dissertations anciennes et nouvelles sur les apparitions, les visions et les songes, par Lenglet Dufresnoy. 1752. Paris. 2 tomes en 4 vol. in-12. rel.

119 Un second exempl. rel. en 2 vol.

120 Dictionnaire des aliments. 3 vol. in-12. et un autre vol.

121 Le Cuisinier, manuel économique, par Provenc. in-8° br. et un autre vol.

122 Le bon usage du café et du chocolat, par de Blegny. Lyon. 1687. in-12. rel.

123 Dictionnaire de peinture et d'architecture, par l'abbé de Marly. 2 vol. in-12. rel. et trois autres vol.

124 Description des ouvrages de peinture et de sculpture qui se trouvent à Anvers. pet. in-12. rel.

125 Portraits (10) des principaux orateurs de la Chambre des députés. in-8° br.

126 Parallèle des cinq ordres d'architecture, par Blondel. Paris. Mariette. 1710. in-4° rel.

127 Traité de la danse ancienne et moderne, par de Cahusac. Lahaye. 1754. 3 vol. pet. in-12. rel.

128 Cours d'études de l'abbé Condillac. Paris. 1795. 16 tomes en 8 vol. in-8° rel. — OEuvres de Condillac. 3 vol. in-12. rel.

129 Principes de littérature, par l'abbé Batteux. 5 vol. in-12. rel. — Les trois siècles de la littérature, par Sabatier de Castres. 4 vol. in-12. rel.

130 Dictionnaire de la langue romane et du vieux langage français, par de la Curne de Ste-Palaye. Paris. 1768. in-8° rel. v.

131 OEuvres d'Homère, trad. par Mme Dacier. fig. de B. Picart. Amst. 1731. 7 vol. in-12. rel.

132 OEuvres de Virgile. 4 vol. pet. in-12. rel. v. — OEuvres d'Horace. 2 vol. pet. in-12. rel. v.

133 OEuvres de Léonard. 3 vol. in-12. fig.

134 Les Saisons, poëme, par St-Lambert. Amst. Paris. 1775. 1 vol. gr. in-8° fig. de Moreau. Paris. rel. v. écail. doré sur tr.

135 L'Art de conserver sa santé, composé par l'école de Salerne, avec la trad. en vers français. Paris. 1749. in-12. rel.

136 Le Pot-pourri, ou préservatif contre la mélancolie. — La Pipe cassée. — La Henriade travestie. in-24.
137 Le Déjeuner de la Rapée. — La pipe cassée. 1 vol. in-12. jol. fig. d'Eisen. rel.
138 Clovis, poème héroï-comique avec des remarques, par Lejeune. Paris. 1765. 3 vol. in-12. rel.
139 Le Vice puni, ou Cartouche, poëme, par Grandval. 1760. in-8° fig. demi-rel.
140 Esope en belle humeur, ou la dernière traduction de ses fables, par J. Bruslé. Bruxelles. 1700. 2 parties pet. in-8° fig. d'Harreweyn. rel. v. b.
Quelques taches ; le titre de la 1re partie est doublé.
141 Fables de La Fontaine. Lille. Lefort. 1820. in-18. pap. vél. orné de jolies fig. cart. n. r. — Aventures de Télémaque, par Fénelon. Douai. Villette. in-12. pap. vél. fig. rel. maroq. rouge.
142 Fables nouvelles, par M. P. Paris. 1748. in-8°. rel. et deux autres vol.
143 La Pléiade française, ou l'esprit des sept plus grands poètes. 2 vol. petit in-12. rel., et un autre vol.
144 Mélanges de poésies fugitives et de prose sans conséquence, par Mme de Beauharnais. Paris. 1776. 2 tomes en un vol. in-8°. fig. de Marillier. rel. en v. fil.
145 Poésies diverses du roi de Prusse. 2 vol. in-12. rel. veau fauve. d. s. tr.
146 Roland furieux, poème héroïque de l'Arioste. trad. par d'Ussieux. fig. de Cochin *avant la lettre*. 4 vol. gr. in-8°. rel. bas. fil.
147 Les quatre parties du jour, trad. de l'allem. par Zacharie. fig. d'Eisen. in-8°. veau écaille. d. s. tr.
148 Ossian, poésies galliques, trad. par Letourneur. Paris. 1777. 2 vol. in-8°. rel.
149 Hubidras, poème, (de Butler), trad. en vers français. Londres (*Paris*). 1757. 3 vol. in-12. fig. rel.
150 Les Saisons, trad. de l'anglais de Thompson. Paris. 1779. in-8°. fig. d'Eisen. rel. v. écaille.
151 Théâtre des Grecs, par le P. Brumoy. Paris. 1785. 18 vol. in-8°. fig. rel. v. filets.
152 Nouveau Théâtre français. Utrecht et La Haye. 1735-52. 12 vol. pet. in-12. rel.
153 Poèmes dramatiques de P. et Th. Corneille. 12 vol. in-12. rel.

154. OEuvres de Molière, Paris. Bauche. 1710. 8 vol. pet. in-12. fig. rel. v. fauve.
155. OEuvres de Crébillon. 5 vol. pet. in-12. — OEuvres de Lagrange-Chancel. 5 vol. pet. in-12. rel.
156. OEuvres de Regnard, 4 vol. — OEuvres de Lachaussée 5 vol. — Ensemble 9 vol. pet. in-12. rel.
157. OEuvres de Destouches, Paris. 1748. 10 vol. petit in-12. veau.
158. Théâtre de Boursault. — Lettres du même. 6 vol. in-12. rel.
159. Histoire du théâtre italien. 7 vol. in-12. — Théâtre italien de Geraldi. 6 v. pet. in-8°. fig. rel. v. fauve. — Le Nouveau Théâtre italien. 9 vol. in-12. rel. — Parodies du nouveau théâtre italien. 4 vol. in-12. reliés; ensemble 26 vol.
160. Théâtre espagnol. Paris. 1770. 4 vol. in-12. rel.
161. OEuvres de Shakespeare, trad. par Letourneur. Paris. 1776. 20 vol. in-4° rel.
162. Histoire des quatre fils Aymon, par M. Brès. in-18. fig. col. cart. d. s. tr. renf. dans un étui.
163. Les Aventures de Télémaque, par Fenelon. Rotterdam. 1725. in-12. fig. rel.
164. Vie de l'admirable Don Gusman d'Alfarache. Bruxelles. 1734. 3 vol. in-12. fig. d'Harreweyn. rel.
165. Le Siège de Calais, par Mme de Tencin. La Haye. 1739. 2 vol. in-12. rel., armes, et deux autres vol.
166. Décameron français, par d'Ussieux. — Nouvelles françaises, par le même. 5 vol. gr. in-8° bas. fil.
167. L'an 2440, par Mercier, 3 vol. in-8°. — Mon bonnet de nuit, par le même. 4 vol. in-8° et un autre vol.
168. OEuvres d'Arnaud. 11 vol. gr. in-8°. fig. rel. v. écaille.
169. OEuvres de Mme Riccobini. Paris. 1786. 8 vol. in-8°. fig. rel. bas. fil.
170. Histoire de l'admirable Don Quichotte, trad. de Cervantes. Paris. 1749. 6 vol. in-12. fig. rel.
171. Robinson Crusoé, imité de l'anglais, par Feutry. 2 vol. in-12. fig. rel., et un autre vol.
172. La Vie et les opinions de Tristram Shandy, trad. de Sterne, par Frénais. 4 vol. in-12.
173. Le Rabelais moderne, ou les œuvres de Rabelais, mises à la portée de la plupart des lecteurs, par

l'abbé de Marsy. Amst. (Paris). 1759. 8 vol. pet. in-12. rel. v.
174 Le Chef-d'Œuvre d'un inconnu, par le d' Chrys. Mathanasius (Ste Hyacinthe). Londres. 1758. 2 vol. pet. in-12. rel. — Choix d'histoires, par Feutry. 4 v.
175 Anecdotes littéraires. 3 vol. in-12. rel. — Anecdotes françaises. in-12. rel.
176 Les Délassements champêtres, ou Mélanges d'un philosophe sérieux à Paris et badin à la campagne. La Haye. 1767. 2 part. en un vol. in-12. rel., et deux autres vol.
177 Lot de quatorze volumes d'ouvrages divers de Caraccioli. in-12. rel.
178 Derniers sentiments des plus illustres personnages condamnés à mort, par Sabatier et Verteuil. Paris, 1775. 2 vol. in-12. rel.
179 Opuscules de Feutry, de Lille. 2 vol. in-8°. rel.
180 Les affections de divers amants. — Les Narrations d'amours de Plutarque. 1 vol. in-12. rel. v. d. s. tr.
181 Mémoires pour servir à l'Histoire de la fête des Foux, par Dutilliot. Lausanne. 1741. in-8.° fig. rel.
182 Récréations historiques, critiques, morales et d'érudition, avec l'Histoire des Foux en titre d'office, par Dreux du Radier. La Haye. 1768. 2 vol. in-12. rel.
183 Entretiens d'Ariste et d'Eugène, par le P. Bouhours. Amsterdam. Jacques le jeune. 1691. petit in-12. veau br.
184 Lettres de Mme de Sévigné. Paris. 1763. 8 vol. in-12. rel.
185 Lettres de Clément xiv. 4 vol. in-12 rel. — Vie de Clément xiv. in-12 rel.
186 Œuvres de Fontenelle. Paris. 1742-1766. 11 vol. in-12. rel. et deux autres vol.
187 Œuvres de St-Evremond. Paris. 1740. 10 vol. in-12. fig. rel.
188 Œuvres de Scarron. Paris. 1752. 12 vol. petit in-12 fig. rel.
  La reliure n'est pas uniforme.
189 Œuvres de J. B. Rousseau. Londres. 1757. 5 vol.

petit in-12 rel. — Lettres de Rousseau. 5 vol. petit in-12. rel.

190 OEuvres diverses de Pellisson. — Lettres diverses du même, ensemb. 6 vol. in-12. rel.

191 OEuvres de Thomas. Amst. 1774. 4 vol. in-12. rel. v. filets, armes.

192 OEuvres complètes de Beaumarchais. Paris. 1809. 7 vol. in-8° fig. au trait. rel. bas.

193 OEuvres de Florian. Paris. P. Didot. 21 vol in-8, jol. fig. rel.

194 OEuvres de Mme de La Fayette. 8 vol. petit in-12. rel.

195 Mme de Genlis. Annales de la vertu, 2 vol. in-8. — Veillées du Château. 3 vol. in-8. — Adèle et Théodore. 3 vol. in-12. rel.

196 OEuvres de Gessner, traduites en franç. par Huber, Meïster et l'abbé Bruté de Loiselle. Paris. 1786-93. 3 vol. grand in-4° fig. de Le Barbier. rel. v. filets.

Très-bonnes épreuves.

197 OEuvres de Pope. Amst. et Leipzig. 7 vol. in-12. fig. rel.

198 The Works of Jonathan Swift. London. 1781. 18 vol. petit in-8° rel. v.

199 Méthode pour étudier l'histoire, par Lenglet Dufresnoy. Paris. 1735-1741. 12 vol. in-12. rel. veau fauve.

Bel exemplaire.

200 Précis de la Géographie universelle, par Malte-Brun. Paris. 1810-1829. 8 vol. in-8° et atlas. rel. bas.

201 Atlas général civil et ecclésiastique, par Brion. Paris. 1766. in-4° rel.

202 Histoire générale des voyages, par l'abbé Prévost. Paris 1746-89. 20 vol. in-4° fig. rel.

Bonne édit. avec le 20e vol.

203 Collection de tous les voyages faits autour du monde, rédigée par Béranger. 9 vol. in-8° fig. rel.

204 Recueil amusant de voyages, en vers et en prose. Paris. 1787. 7 vol. petit in-12. rel.

205 Les six Voyages de Tavernier en Turquie, en Perse et aux Indes, *suivant la copie imprimée à Paris*, 1678. 2 vol. petit in-12. fig. vél. — Les Mé-

moires du marquis de Ville sur son voyage au Levant. Amsterd, 1671. 2 tomes en 1 vol. petit in-12. vél.
206 Description de la Chine, par l'abbé Grosier, in-4° rel.
207 Relation d'un Voyage dans la mer du Nord, par Kerguelen de Tremarec. in-4° fig. demi-rel.
208 Voyage au cap de Bonne-Espérance, par Sparmann, trad. par Letourneur. Paris. 1787. 2 vol. in-4° fig. rel.
209 Le premier et le second Voyage dans l'intérieur de l'Afrique et le cap de Bonne-Espérance, par Le Vaillant. Paris. An IV, 4 tomes en 2 vol. in-4° fig. rel.
210 Voyage au Levant, par Lebruyn. Paris. 1725. 5 vol. in-4° fig. rel.
211 Dictionnaire historique des cultes religieux. Paris. 1770. 3 vol. in-8° fig. rel. v.
212 Abrégé chronologique de l'Histoire ecclésiastique, par Macquer. Paris. 1751. 2 vol. petit in-8° rel.
213 Abrégé de l'Histoire ecclésiastique, par l'abbé Racine. 16 vol. in-12. rel.
214 Histoire de l'Eglise, par Béraut-Bercastel. Paris. 1778-90. 24 vol. in-12. rel. b.
215 Dictionnaire raisonné du gouvernement des lois, des usages et de la discipline de l'Eglise, par Desodoards Fantin. Paris. 1788. 6 vol. in-8° rel.
216 Lettres édifiantes et curieuses tirées des missions étrangères. Paris. 1780. 26 vol. in-12. rel. — Mission du Paraguay. 1 vol. in-12. rel.
227 Lettres édifiantes et curieuses écrites des missions étrangères. Toulouse. 1810. 26 vol. in-12 rel. bas.
218 Etat présent de l'Eglise et de la colonie française dans la France nouvelle, par Mgr l'évêque de Québec. Paris. 1788. in-8° maroq. rouge compart.
219 Brochures sur la Constitution civile du clergé, publiées pendant la révolution. 10 vol. in-8° v. Plusieurs vol. sont tachés.
220 Du Pape, par M. de Maistre. 2 tomes en 1 vol. in-8° demi rel.
221 Histoire des Papes, depuis saint Pierre jusqu'à Benoît XIII, par Fr. Bruys, Lahaye. 1732. 5 vol. in-4° rel. veau.
222 Histoire des Conclaves, depuis Clément V, jusqu'à

présent, par Huissen. Paris, 1691. 2 vol. in-12. rel.
225 Mémoires historiques pour servir à l'histoire de l'inquisition. Cologne. 1716. 2 vol. in-12. fig. rel.
224 Histoire critique de l'Inquisition d'Espagne, par Lorente. Paris. 1817. 4 vol. in-8° rel. b.
225 Histoire des Ordres religieux et militaires, par le P. Helyot. Paris. 1792. 8 vol. in-4° fig. rel.
226 Histoire des Chevaliers de Malte, par Vertot. Paris. 1741. 7 vol. in-12. rel.
227 Histoire de Port-Royal, par J. Besoigne. Cologne. 1752. 6 vol. in-12. rel. v.
228 Histoire abrégée de la dernière persécution de Port-Royal. 2 vol. in-12. rel. — Gémissements d'une âme. in-12. veau filets; et 1 autre vol.
229 Vie de M. Arnault. Cologne. 1695. in-12. rel.
230 Histoire de la Congrégation des Filles de l'Enfance de J. C., établie à Toulouse, en 1662, et supprimée en 1686. 3 vol. in-12. rel. et 2 autres vol. sur le même sujet.
231 Martyrologe universel, contenant le texte du Martyrologe romain, traduit en français. Paris. 1709. in-4° rel. fermoirs.
232 Vies des Pères, des Martyrs et autres principaux Saints, trad. d'Alb. Buttler par Godescard. Traité des fêtes mobiles. Paris. 1783 et suiv. 14 vol. in-8° rel.
233 Vies des Pères, des Martyrs et des autres principaux Saints, trad. d'Alb. Butler, par Godescard. Lille. 1824. 16 vol. in-12. rel. bas. filets.
234 Vies des SS. Pères des déserts, et des saints Solitaires d'Orient ou d'Occident, par de Villefore. Anvers et Amst. 1714. 4 vol. pet. in-8° fig. rel.
235 Histoire des Anabaptistes. Paris. 1695. in-12. rel. Mauvais état.
236 L'Ordre des Francs-Maçons trahi et le secret des Mopses révélé. Amst. 1745. in-12. fig. — Procédures curieuses de l'Inquisition du Portugal contre les Francs-Maçons. in-12. rel.
237 Essai sur la religion des anciens Grecs. Lauzane. 1787. 2 tomes en 1 vol. in-8° rel.
238 Lettres à Emilie sur la Mythologie, par Demoustier, avec fig. 6 tomes en 3 vol. in-18. rel.

239 Voyage du Jeune Anacharsis en Grèce, par J. J. Barthelemy. Paris. 1788. 4 vol. in-4°. et Atlas. rel. bas. filets.
240 Histoire des Juifs, de Flavius Joseph, trad. par Arnauld d'Andilly. Bruxelles. Friex. 1701-1703. 5 vol. petit in-8° fig., rel. veau brun.
   2 feuillets légèrement déchirés.
241 Histoire des Juifs, par Pridaux. Amst. 1755. 6 vol. in-12. rel.
   Taché.
242 Mœurs des Israélites et des Chrétiens, par Fleury. in-12. rel. — Cérémonies et coutumes qui s'observent aujourd'hui parmi les Juifs. in-12. rel.
243 Dissertation sur les tremblements de terre, etc., qui firent échouer le projet de rebâtir le temple de Jérusalem, par Warburton. 2 vol. in-12. rel. — Dissertation sur le Messie. in-12. rel.
244 Histoire Ancienne. — Histoire Romaine. Traité des études. — Opuscules, par Rollin. Paris. V° Estienne. 36 vol. in-12. rel. v.
245 Histoire des Empereurs romains, par Crévier. Paris. 1765. 12 vol. in-12. rel. veau.
246 Histoire du Bas-Empire, par Ch. Lebeau, continuée par Ameilhon. Paris. 1756-1811. 27 vol. in-12. — Table alphabétique, par Ravier. Paris. 1817. 2 vol. in-12. rel. veau.
247 Histoire Romaine, par le P. Catrou. Paris. 1725. 21 vol. in-4° rel.
248 Les Impératrices romaines, par Serviez. Paris. 1744. 3 vol. in-12. rel.
249 Histoire moderne des Chinois, des Japonais, des Indiens, etc. Paris. 1754 et suiv. 30 vol. in-12. rel. v.
250 Histoire des Celtes, par Pelloutier. Paris. 1770. 8 vol. in-12. rel.
251 Les Délices de la France. Amst. 1699. 2 vol. petit in-12. fig. rel.
252 Nouvelle Description de la France, par Piganiol de la Force. Paris. 1718. 6 vol. in-12. fig. rel. veau fauve. — Nouveau Voyage en France, par le même. 2 vol. in-12. rel.
253 Les Costes de la France. 2 parties en 1 vol. in-f° obl. demi rel.

254 Collection universelle de Mémoires particuliers à l'Histoire de France, rédigée par Perrin. Paris. 1785 et suiv. 70 vol. in-8° 5 vol. rel. le reste brochés; les derniers sont en papier vélin.
Le tome 65 manque.
255 Abrégé chronologique de l'Histoire de France, par le président Henault. 5 vol. in-8° veau écaille.
256 Histoire de France, de Velly, Villaret, Garnier, etc. 58 vol. in-12. rel. veau.
257 Histoire de France, par Anquetil, continuée par M. de Norvins. Paris. 1845. 5 vol grand in-8° fig. br.
258 Histoire de France, par Henrion. 4 vol. in-8° br.
260 Fastes de la France, par M. Mullié. Lille. in-f° demi-rel. maroquin.
261 Histoire des rois de France, depuis Pharamond jusqu'à Louis xv. 65 planches gravées par Defer. in-4° rel.
262 Histoire de la cour d'Auguste, par Feutry. Paris. 1781. 3 vol. in-12. rel.
263 Les Mémoires de Commines, revus et corrigés par Godefroy. Bruxelles. 1714. 4 v. in-8° gr. pap. rel. v. Portraits ajoutés.
264 Le Courtisan prédestiné, ou le duc de Joyeuse capucin, par de Callières. in-12. rel.
265 La Satyre Ménippée. Ratisbonne. 1714. 3 vol. in-8° fig. rel.
266 Histoire de la Ligue, par le P. Maimbourg. Paris. 1684. pet. in-12. rel.
267 Histoire des troubles des Cévennes, ou la guerre des Camisards, par Court. Villefranche. 1760. 3 vol. in-12. rel.
268 Histoire de Henri iv, par Dugour. in-8° portr. rel. et deux autres vol.
269 Mémoires de M. D. L. R. (de la Rochefoucauld), sur les brigues à la mort de Louis xiii, etc. Cologne. Amst. P. Van Dyck. 1662. pet in-12. maroq. rouge. rel. ancienne.
L'*Errata* manque.
270 Mémoires pour servir à l'histoire de Mme de Maintenon suivies de ses lettres, par De la Beaumelle. Amst. 1765. 16 vol. in-12. rel.

271 Aux mânes de Louis xv, par Gudin. in-8° rel. et un autre vol.
272 Médailles du règne de Louis xv. in-4° rel.
273 Histoire des Campagnes du roi (Louis xv). in-4° rel. aux armes.
274 Vie privée de Louis xv. Londres. 1781. 4 vol. in-12 portr. demi-rel.
275 Vie du Dauphin, père de Louis xvi, par Proyart. Paris. 1778. 1 vol. pet. in-8° rel. v. *armes.* et deux autres vol.
276 Mémoires pour servir à l'Histoire du jacobinisme, par Barruel. 5 vol. in-8° demi-rel.
277 Trois volumes de pièces sur les évènements de Versailles des 5 et 6 octobre 1789.
278 Histoire impartiale du procès de Louis xvi, par Jauffret. 4 vol. in-8° rel. — Collection des meilleurs ouvrages qui ont été publiés pour la défense de Louis xvi. 2 tomes en 1 vol. in-8° et un volume de pièces sur le procès de Louis xvi.
279 Cinq volumes, divers mémoires sur la Bastille. in-8° rel.
280 La Lanterne magique républicaine. — Liste des députés qui ont voté la mort de Louis xvi. Manuscr. in-4° parch.
281 Répertoire ou Almanach historique de la révolution française. Paris. an vii. 2 vol. in-18. rel.
282 Constitution de la République française, représentée en fig. gravées par F. A. David. Paris. an viii. in-18. br.
283 Victoires et conquêtes, désastres, revers et guerres civiles des Français de 1792 - 1815. Paris. 1817 et suiv. 30 vol. in-8° portr. et cartes. demi-rel. bas. verte.
284 Vie de Bourbon Condé, par Chambellaud. Paris. 1819. 3 vol. in-8° demi-rel.
285 Un Lot de Cancans, par Bérard. en livraisons.
286 Souvenirs royalistes. Paris. 1832. in-folio. avec 5 planch. et 3 fac simile renf. dans un porte-feuille.
287 Histoire des Dauphins français, par l'abbé Tricaud. Paris. 1713. in-12. rel. et deux autres vol.
288 Histoire de la Rivalité de la France et de l'Angleterre, par Gaillard. 11 vol. in-12. rel.

289. Mémoires intéressants sur l'histoire de France, par Poncet de la Grave. Vincennes. St-Cloud. 4 vol. in-12. fig. rel.
290 Histoire de l'avénement de la maison de Bourbon au trône d'Espagne, par Targe. 6 vol. in-12. rel. — Histoire de la maison d'Autriche. 6 vol. in-12. rel.
291 Le Plan de Paris, commencé sous les ordres de Turgot, et achevé en 1739. Paris. 1740. grand in-folio de 21 feuilles. rel. en veau, écaill. dent. aux *armes* de la ville de Paris.
292 Plan de Paris, par Daudenet. 1818. collé sur toile. — Histoire de Paris, de G. Brice. tomes 1, 2 et 3. in-12. rel.
293 Soixante vues des plus beaux monuments de Paris. in-8° obl. cart.
294 Histoire de la ville de Paris, composée par dom Félibien, revue et augmentée par Lobineau. Paris. 1725. 5 vol. in-folio. fig. rel.
295 Description historique de Paris et de ses environs, par Piganiol de la Force. Paris. 1765. 10 vol. in-12. fig. rel. v. — Nouvelle description de Versailles et de Marly, par le même. Paris. 1717. 2 vol. in-12. fig. rel.
296 Voyage pittoresque de Paris, par Dargenville. in-12. fig. — Voyage pittoresque des environs de Paris, par le même. in-12. fig.
297 Description de la ville de Paris, par Germain Brice. Paris. 1752. 4 vol. in-12. fig. v. brun.
298 Essais historiques sur Paris, par Ste-Foix. 6 vol. in-12. rel. — Nouveaux Essais sur Paris. 2 tomes en un vol. in-12. rel.
299 Tableau de Paris, par Mercier. 12 tomes en 6 vol. in-8° rel.
300 Tableau historique et pittoresque de Paris, par de St-Victor. 8 vol. in-8° br. et atlas en porte-feuille.
301 Description de Paris et de ses édifices, par Legrand et Landon. Paris. 1806. 2 vol. in-8°. ornés de plus de 100 fig. demi-rel.
302 Description de Paris et de ses édifices, par Legrand et Landon. ill. de plus de 100 fig. 2 v. in 8°. demi-rel.
303 Description historique de Fontainebleau, par l'abbé Guilbert. Paris. 1731. 2 vol. in-12. fig. rel.

304 Les Délices de l'Italie. Paris. 1707. 4 vol. in-12. fig. rel.
305 Description de l'Italie, par l'abbé Richard. Paris. 1769. 6 vol. in-12. veau fauve.
Très-bel exemplaire.
306 Voyages d'Italie et de Hollande, par l'abbé Coyer. 2 vol. in-12. rel.. — Lettres sur l'Italie, par Dupaty. in-12. rel.
307 Histoire de Venise, par Laugier. 12 vol. in-12. rel. v.
308 Les Délices de l'Espagne et du Portugal, par don Juan Alvarez de Colmenar. Leyde. 1707. 5 vol. in-12. jol. fig. rel.
309 Voyages du P. Labat en Espagne et en Italie. Paris. 1730. 8 vol. in-12. fig. rel.
310 Histoire d'Espagne d'après Mariana. 9 v. in-12. fig. rel.
311 Histoire de l'empereur Charles v, par Leti. 4 vol. in-12. fig.
312 Histoire de Charles v, par Robertson. — Histoire d'Ecosse, par le même, ensemble 9 vol. in-12 rel.
313 Histoire de Philippe II, par Leti. 6 vol. in-12. — Vie d'Elisabeth, reine d'Angleterre, par le même. 2 vol. in-12. — Vie de Sixte-Quint. 2 vol. in-12, ensemble 10 vol. in-12. rel.
314 Les Délices de la Grande-Bretagne, par J. Beeverell. Leyde. 1727. 6 vol. in-12. fig. rel., *fort rogné*.
315 Histoire d'Angleterre de Rapin Thoyras. La Haye (Paris). 1749. 16 vol. in-4°. rel.
316 Histoire d'Angleterre de Smollett, trad. en français par Targe. 24 vol. in-12 rel.
317 Abrégé chronologique de l'Histoire d'Angleterre, trad. de l'anglais de Salmon. 2 vol. in-8°. grand pap. rel.
318 Histoire des révolutions d'Angleterre, par le P. d'Orléans. Amst. 1714. 3 vol. in-12. jol. port. rel.
319 Histoire de Cromwel. Paris (Claude Barbin). 1691. in-12. fig. rel.
320 Histoire de Guillaume III. Amst. 1703. 3 vol. in-8° fig.
321 Londres, par Grosley. Neufchatel. 1774. 3 vol. in-12. rel.
322 Etat et délices de la Suisse. Basle. 1776. 4 vol. in-12. fig. rel. — Tableau historique et politique de la Suisse. in-12. rel.
323 Voyage en Suisse, par W. Coxe. Paris. 1790. 3 vol.

in-8°. cartes et fig. rel., et un autre vol.

324 Histoire de Genève, par Spon. Lyon. 1680. 2 vol. in-12. rel.

325 Histoire de Danemarck, par Desroches. Amst. 1740, 7 vol. in-12. rel.

326 Histoire générale de Pologne, par Salignac. Paris. 1750. 6 vol. in-12. rel.

327 Voyages de Pallas dans l'empire de Russie. Paris. an II. 5 vol. in-8° et atlas rel.

328 Abrégé chronogique de l'Histoire de l'empire Ottoman, par Delacroix. Paris. 1768. 2 vol. pet. in-12. rel.

329 Histoire des Arabes sous l'empire des califes. Paris. 1750. 4 vol. in-12. rel. — Histoire des révolutions de l'empire des Arabes, par le même. Paris. 1750. 4 vol. in-12. rel.

330 Histoire de l'empire Ottoman, par l'abbé Mignot. Paris. 1771. 4 vol. in-12. rel.

331 Histoire des Turcs, par Ricault. Amst. 1670. 1 vol. petit in-12. fig. rel. veau.

331 bis. Histoire des trois derniers empereurs des Turcs, par Ricault. Paris. 1684. 4 tomes en 1 vol. in-12. demi-rel. bas.

332 Histoire générale des royaumes de Chypre, de Jérusalem, d'Arménie, et d'Egypte, par Jauna. Leyde. 1747. 2 vol. in-4°. rel.
Bel exemplaire.

333 Histoire de Saladin, par Marin. Paris. 1758. 2 vol. in-12. rel.

334 Nouveau Voyage aux îles de l'Amérique, par le P. Labat. Paris. 1722. 6 vol. in-12. fig. rel.
Quelques taches d'eau.

335 Essai sur cette question : Quand et comment l'Amérique a été peuplée d'hommes et d'animaux ? par E. B. d'E. Amst. 1767. 5 tomes en 4 vol. in-12. rel.

336 Histoire de la conquête du Mexique, par Solis. 2 vol. in-12. fig. rel.

337 Histoire de l'Amérique, trad. de l'angl. de Robertson. Paris. 1778. 2 vol. in-4° rel.

338 Histoire des troubles d'Amérique, par Soulès. 4 vol. in-8°. rel.

339 Histoire du Paraguay, par le P. Charlevoix. Paris. 1757. 6 vol. in-12. rel.

340 Histoire de la Louisiane, par Lepage de Pratz. Paris. 1758. 3 vol. in-12. fig. rel.
341 Recueil d'Antiquités égyptiennes, étrusques, grecques et romaines, par le comte de Caylus. Paris. 1752-67. 7 vol. in-4° rel. veau fauve. d. s. tr.
Le premier vol. est de la réimp. de 1761.
342 Histoire des Médailles, par Patin, Amst. 1695. in-12. fig. rel.
343 Mémoires secrets pour servir à l'Histoire de la république des lettres en France, par Bachaumont. Londres. 1784-1789. 36 tomes en 18 vol. in-12. rel.
344 Pièces intéressantes et peu connues, pour servir à l'histoire, par Laplace. 6 vol. in-12. demi rel.
345 Nouveaux Mémoires d'histoire, de critique et de littérature, par l'abbé d'Artigny. Paris. 1749-1756. 7 vol. in-12. rel.
346 Querelles littéraires, ou Mémoires pour servir à l'histoire des révolutions de la république des lettres, par l'abbé Irailh. Paris. 1761. 4 vol. in-12. rel. et 5 autres vol.
347 Essais sur l'Histoire des belles-lettres, des sciences et des arts, par Juvenel de Carlencas. Lyon. 1749. 4 vol. in-12. rel. veau. — Essais sur divers sujets de littérature et de morale, par l'abbé Trublet. Amst. 1755. 5 vol. in-12. rel.
348 Vies des hommes illustres, de Plutarque, trad. par Dacier. Paris. 1721. 9 vol. in-4° rel.
349 Nouveau Dictionnaire historique, par une société de gens de lettres. Lyon. 1789-1805. 13 vol. in-8° demi rel.
350 Dictionnaire historique, par l'abbé de Feller. Lyon. 1821. 10 vol. in-8° demi-rel.
351 Biographie des hommes vivants. Paris. Michaud. 1816. 5 vol. in-8° demi rel.
352 Vies des plus célèbres Marins, par Richer. 12 vol. petit in-12. portr. rel.
353 Œuvres de Brantome. Lahaye. 1740. 15 vol. petit in-12. fig. veau fauve. filets. anc. reliure.
Très-bel exemplaire.
354 Traduction du Plutarque Anglais. 12 v. in-8° demi-rel.
355 Les Imposteurs insignes, par Rocoles. Amst. Wolfgang. 1683. petit in-12. fig.

356 Histoire de Cicéron, par l'abbé Prevost. 4 v. in-8° rel.
357 Histoire du Cardinal d'Amboise, par Legendre. in-4° portr. rel. veau.
358 Conseils pour former une bibliothèque, par Formey. in-12. rel. — Bibliothèque d'un homme de goût. 2 vol. petit in-12. rel.
359 Journal des enfants; les onze premières années. 6 vol. cart. le reste en liv.
359 bis. Le même Journal, les 4 premières années. in-8° cart. toile.
360 Idée du monde, par Chevignard de la Pallue. Paris. 1788. 3 vol. in-12. fig. rel.
361 Théâtre du monde, par Richer. Paris. 1788. 4 vol. in-8° fig. d'après Moreau et Marillier. rel. bas. filets.
362 Un second exemplaire.
363 Spectacle de la nature, par Pluche, suivi de l'Histoire du Ciel. 11 vol. in-12. fig. rel.
364 Un second exemplaire.
365 Etudes de la nature, par Bernardin de Saint-Pierre, Paris. 1791. 5 vol. in-12. fig. rel.

OUVRAGES

sur

L'HISTOIRE DE LA FLANDRE, DE LILLE ET DE LA BELGIQUE.

366 Un volume in-f° contenant 60 plans de villes et de batailles, entre autres Menin, Ypres, Courtray, Furnes, Namur, Fontenoy, Lille, Tournay, etc.
367 Abrégé de l'Histoire de Flandres, par Panckoucke. Dunkerque. 1763. petit in-8° demi-rel.
368 Description de la Gaule Belgique, par le P. Wastelain. Lille. 1761. in-4° cart. rel.
369 La Flandre illustrée par l'institution de la Chambre du Roi, à Lille, par Deseur. Lille. 1713. in-8° rel. v.
370 Histoire des Saints de la province de Lille, Douay, Orchies, par un P. de la compag. de Jésus. (Martin

l'Hermite). Douay. 1638. petit in-4° fig. v. br.
Bon exemplaire d'un livre rare.

371 Les Chastelains de Lille, par Vanderhaar. Lille. 1611. petit in-4° veau (exempl. avec les cinq tabl.)

371 bis. Idem. rel. en parchemin avec deux tableaux (taché d'eau.)

372 Histoire de Lille, par Thiroux. Lille. 1736. in-12. rel.
On a ajouté à la fin de ce vol. le Dict. de la châtellenie de Lille.

373 Histoire de la ville de Lille, par Montlinot. Paris. 1764. — Observations sur l'histoire de Lille, par Wartel. — Les deux ouvrages en un vol. in-12. rel.

374 Lille ancienne et moderne, par Regnault Warin. in-12. dem. rel.

375 Guide des étrangers à Lille. Lille. 1772. in-12. rel. v. écaille. fil.
Fig. ajoutées.

376 Les Coutumes et usages de la ville, taille, banlieue, et eschevinage de Lille, avec les commentaires et recueils de J. Le Bouck, Lillois. Douay. 1626. in-4° vél.

377 Coutumes et usages généraux de la salle, bailliage et châtellenie de Lille, augmentées des coutumes locales de la vicomté de Haubourdin et Ammerin. Lille. 1652. in-4° parch.
Interf. et rempli de notes manusc.

378 Les Coutumes et usages de la ville de Lille. Lille. 1725. in-4° parch. 2 exempl.

379 Commentaire sur les coutumes de la ville de Lille, et de sa châtellenie, par Patou. Lille. 1788. 3 vol. in-f° demi-rel.

380 Observations et notes des anciens jurisconsultes sur le titre 1er de la coutume de la châtellenie de Lille. 1774. in-4°

381 Recueil des arrêts du parlement de Flandre, par Dubois d'Hermaville, de Baralle, etc. 2 vol. in-4°
— Arrêts du conseil de Malines. 2 vol. in-4°

382 Recueil des édits, arrêts, lettres patentes, etc. imprimé et mis à exécution par ordre de M. l'Intendant de la ville de Lille. 1750-1780. 40 vol. in-4° rel.

383 Lot de Mémoires pour les officiers de la gouvernance

de Lille et pour le bailliage. *Plusieurs de ces pièces manuscrites.*

Un volume in-4° sur le même sujet.

384 Recueil de Pièces justificatives produites par les officiers de la gouvernance de Lille. in-4°

385 Lot de cinq volumes in-4° de mémoires pour les chanoines de St-Pierre contre M. de Valory, prévost de ladite église.

386 Lot de Programmes de fêtes qui ont eu lieu à Lille à diverses époques.

387 Description du temple de la paix, élevé par les ordres du magistrat de la ville de Lille pour les réjouissances de la paix qui se feront le 16 mars 1749. in-4° br.

388 Description de la pyramide élevée à la gloire du roi dans l'abbaye des chanoines réguliers de Cysoing. Lille. 1751. in-4° fig. br.

389 Création, renouvellement et continuation de la loi de la ville de Lille. 1759 à 1770, 1775, 1780, 1782, 1783, 1785 à 1790. 22 vol. in-18. rel.
— Almanach historique et géographique du Dépt du Nord. 1792. 1 vol.

390 Continuation de la loi de la ville de Lille. 1786, 1787, 1788, 1790. 4 vol. in-18. rel. et brochures sur Lille.

391 Calendrier de Lille depuis 1807 jusqu'à 1847. 41 vol. in-18. fig. br.

392 Petit Calendrier avec les noms de nos SS. du parlement de Flandre. Douai. années 1751 à 1761. 1763, 1764, 1776, 1788. 15 vol. in-24. cart.

393 Calendrier de la cour royale de Douai. Années 1823, 1824, 1826, 1831, 1833, 1835 à 1839. 10 v. in-12. br.

394 Lot de diverses Oraisons funèbres prononcées à Lille, Valenciennes, Mons, etc.

395 Lot de brochures imprimées à Lille.

396 Calendrier général du gouvernement de la Flandre et du Hainaut. 1787. in-18. br. — Annuaire du Dépt. du Nord. an xi. 1809 1811. in-8° br.

397 Calendrier général du gouvernement de la Flandre et du Hainaut. 1787. in-18. br. 1788. in-18. rel. maroq. rouge.

398 Collection des Actes de la Préfecture depuis l'an viii jusqu'à 1836. 38 vol. in-8° demi-rel.
399 Collection des Actes de la Préfecture du dép. du Nord, depuis la création en l'an viii jusqu'à 1842. 46 vol. in-8°, dont 39 demi rel. et 7 vol. broch. ou en liv.
400 Mémoires de la Société d'agriculture de Douai. 1826-1830. 3 vol. in-8° et 2 autres vol.
401 Histoire des Pays-Bas, par Méteren. Lahaye. 1618. in-f° avec beaucoup de portr. rel. en chamois. L'exemplaire est très-propre.
402 Eléments du Droit français principalement pour les Pays-Bas de la domination du roi. *Manusc.* in-8° br.
403 Institutions du Droit belgique, par de Ghewiet. Lille. 1736. in-4° rel.
404 Un second exemplaire.
405 Institutions du Droit belgique, par Ghewiet. 2 vol. in-8° rel.
406 Le Martyrologe romain mis en lumière par le commandement du pape Grégoire XIII, trad. du latin en français, par le P. Bauduin Willot. Item le *Martyrologe Belgic*, par le même Père. Lille. Derache. 1658. in-8° rel. v.
407 Les Délices des Pays-Bas. Liège. 1769. 5 vol. petit in-8° fig. rel.
408 Histoire des révolutions des Pays-Bas. Paris. 1763. in-8° rel.
409 Histoire du parlement de Tournay, par Pinault. Valenciennes. 1701. in-4° avec un beau port. de Boufflers. rel. — Histoire du parlement de Paris. in-8° rel.
410 Recueil d'arrêts du parlement de Tournay et du parlement de Flandre, par Pinault. 4 vol. in-4° rel. Arrêts du parlement de Flandre, par Pollet. in-8° rel.
411 Les Coustumes, Stils et Usages de l'eschevinage de la ville et cité de Tournay. Tournay. Ad. Quinqué. 1654. in-4° vél.
412 La Quintessence, ou Guide fidèle dans Gand et description de la Flandre. 1789. in-24. fig. de monnaies. rel. v. filets.

413 Histoire du comté de Namur, par Demarne. Liége. 1754, in-4° br.
414 Un second exemplaire. in-4° demi-rel.
415 Tableau ecclésiastique de la ville et du diosèse de Liége. 1782. in-18. rel. en satin brodé.
416 Les Délices de la Hollande. La Haye. 1728. 2 vol. in-12. fig. rel.
417 Histoire métallique de la république de Hollande, par Bizot. 3 vol. in-8° fig. rel.
418 Notes sur la ville de Lille, *manuscrit du 17° siècle*. 1 vol. petit in-f°. demi-rel.

   Sous ce titre, le manuscrit, dont le contenu remonte à 1035 jusqu'à 1667, contient, outre des notes historiques, un résumé des ordonnances concernant l'échevinage de la ville de Lille.

419 Baillis des Etats de Lille, depuis l'année 1562 jusqu'à l'année 1758. 8 pages manusc. in-f°.
420 Défense des usages de la province de Flandre pour la collection des bénéfices contre les entreprises de quelques graduez de l'Université de Paris, 1703, in-f°, de 26 pages impr. en 14 pièces manuscrites sur le même sujet.

   Très-curieux pour l'histoire de l'association projetée entre l'Université de Douai et celle de Paris.

421 Précis pour les Etats de Lille des procés *dit* des *cinq points*. 8 pages in-4°, impr. en sept pièces manuscrites sur le même sujet.
422 Sommaire des registres de la gouvernance ou souverain bailliage de Lille, contenant les édits, ordonnances et autres, manuscrit in-f°.
423 Avis et sentences remarquables rendues par les officiers de la gouvernance de Lille. 1 gros vol. in-f°, manuscrit du 17° siècle.
424 Protocole. 1 vol. in-f° rel. v.

   Sous ce titre le manuscrit, d'une très-belle écriture du xviii° siècle, contient un ouvrage à l'usage des Notaires, avec une quantité de formules, d'actes, etc.

ESTAMPES ENCADRÉES

BALECHOU.

1 Le Calme.
  La Tempête.
2 Les Baigneuses.

BARTOLOZZI.

3 Dido.

BEAUVARLET.

4 Télémaque dans l'île de Calypso (*avant la lettre.*)
  Les Chevaliers Danois. *idem.*
5 Les Couseuses (*avant la lettre.*)
6 Conversation espagnole.
  Lecture espagnole.
7 La Confidence.
  La Sultane.
8 La Marchande d'amours (*avant la lettre.*)
9 Les Enfants du Comte de Béthune.
  Les Enfants du Comte de Turenne, par Mélini.
10 Le Comte d'Artois et Melle Clotilde assise sur une chèvre ; (*avant la lettre.*)
11 Le Mauvais Riche, par Mme Beauvarlet.

G.^{me} BYRNE.

12 Possesion of George Kaete, Esqr
13 Apollo, Herdsman to King admetus.
14 Evening (paysage).
15 Mort du capitaine Cook.

CHEREAU.

16 Une Vierge de Raphaël.
17 Portrait du Cardinal de Fleury.

DREVET.

18 Portrait du Duc de Villars.
19 Portrait de Samuel Bernard.

LES FRÈRES FACIUS.

20 M. West and family.

J. FITTLER.

21 Tigrane devant Cyrus.

FLIPART.

22 La Tempête.
23 L'Accordée de village, *d'après Greuze.*
   Le Gâteau des Rois, *idem.*

F. GODFROY.

24 Un Paysage, (*avant la lettre*).

VAL. GREEN.

25 Un Homme sauvé de l'attaque d'un requin.

GUTTEMBERG.

26 Guillaume Tell.
   Suppression des Ordres monastiques.

J. HALL.

27 The Battle of the Boyne.
28 Wm Penn, traitant avec les Indiens.
29 Timon d'Athènes, repoussant les offres d'Artaxercès.

HELMAN.

30 Le Médecin clair-voyant.
31 Expérience aérostatique de Blanchard.
   Entrée de Blanchard.
   La Confédération.

INGOUF.

32 La Liberté du Braconnier.
   Le Retour du Laboureur.

LE MIRE.

33 Le Gal Washington.
34 Le Gal Lafayette.

LEVASSEUR.

35 La Veuve et son Curé, (*d'après Greuze.*)
   La Belle-Mère. *idem.*
   Toutes deux avant la lettre.
35 bis. Le Testament déchiré (*d'après Greuze.*)

MASSARD.

36 La Dame bienfaisante (*d'après Greuze.*)
   La Mère bien-aimée. *idem.*

J. OUVRIER.

37 L'Origine de la Peinture.
   La Lanterne magique.
38 L'Ecole hollandaise.
   L'Ecole flamande.

PORPORATI.

39 Hagar renvoyée par Abraham.
   La Mort d'Abel.

QUATRE PORTRAITS D'APRÈS REMBRANDT.

40 Rembrandt, gravé par Earlom.
   L'Homme au pistolet, gravé par Haid.
   La Rogneuse d'ongles, gravé par le même.
   Un autre portrait, gravé par Pether.

SCHUMEZER.

41 Mucius Scevola, *d'après Rubens*.

SHARP.

42 Lucrecio.

STRANGE.

43 La Mort de Didon.
44 Charles 1er, roi d'Angleterre.
   Henriette, reine d'Angleterre.
45 Joseph et Putiphar.
   Vénus bandant les yeux à Cupidon.
46 Les Enfants du duc d'Yorck.

VANGELYSTY.

47 Pyrame et Thisbé. (*deux exemplaires.*)

C. VISSCHER.

48 Les Musiciens ambulants.

WILLE.

49 Agar présentée à Abraham.
50 Tricoteuse hollandaise.
51 Gazettière hollandaise.
52 La Cuisinière hollandaise (*piquée*).
53 La Dévideuse (*fort piquée*).
54 Les Offres réciproques.
   Les Musiciens ambulants.

55 La Mort de Marc-Antoine (*avant la lettre*).
56 Le Concert de famille (*tachée d'eau*).
   Instruction paternelle.
57 Les Délices maternelles.
   Les Soins maternels.

G^{me} WOULLETT

58 Celadon and Amelia.
   Cicero at his Villa.
   Solitude.
   Cerja and Alelone.
   Phaeton.
   Niobée.
59 La Chasse au sanglier.
   Le Retour de la pêche.
60 Deux Paysages.
61 The Battle at la hogue.
   Mort du général Wolfe.
62 The Fishery.
63 Jacob et Laban.
64 The apple Gatheres.
   The rural Cult.
65 The cottagers.
   The jocund Peasants.

J. YOUNG

66 The Gipsy fortune Teller.

PORTRAITS.

N°s 1	36	Portraits gravés par Baron.
2	21	Portraits gravés par Thomas de Leu.
3	25	Portraits gravés par Hollar et autres.
4	24	Portraits gravés par Meyssens.
5	38	Portraits gravés par Moncornet.
6	16	Portraits gravés par Octavius Leonus.
7	100	Portraits gravés par Davet.
8	28	Portraits gravés par divers.
9	6	Portraits in-f° gravés par divers.

Lille, typ. L. Lefort, 1862.

www.ingramcontent.com/pod-product-compliance
Lightning Source LLC
Chambersburg PA
CBHW030105230526
45471CB00003B/1273